CB128224

JACQUES COUSTEAU

Montando biografias. Jacques Cousteau
Título original: *Biografías para armar. Jacques Cousteau*
Textos: Daniel Balmaceda
Ilustrações: Pablo Bernasconi

Investigação: Patricia Gutiérrez Méndez
Coordenação editorial: Florencia Carrizo
Edição de texto: Florencia Errecarte y Cristina Paoloni
Tradução: Carolina Caires Coelho
Revisão: Tomaz Adour
Design gráfico: Pablo Ayala y Verónica Álvarez Pesce

Primeira edição.

Catapulta editores

R. Adib Auada, 35 Sala 310 Bloco C
Bairro: Granja Viana - CEP: 06710-700 – Cotia – São Paulo.
E-mail: infobr@catapulta.net
Web: www.catapulta.net

ISBN 978-85-92689-59-9

Impresso na China em maio de 2019.
Complemento feito na China.

Balmaceda, Daniel
Montando biografias. Jacques Cousteau / Daniel Balmaceda ; [ilustração] Pablo Bernasconi; [tradução Carolina Caires Coelho]. -- Cotia, SP : Catapulta, 2019.

Título original: Biografías para armar : Jacques Cousteau.
ISBN 978-85-92689-59-9

1. Cousteau, Jacques Yves, 1910-1997 - Literatura infantojuvenil 2. Escritores franceses - Biografia -Literatura infantojuvenil 3. Oceanógrafos - França -Biografia - Literatura infantojuvenil I. Bernasconi, Pablo. II. Título.
19-24851 CDD-028.5

Índices para catálogo sistemático:
1. Oceanógrafos : França : Biografia : Literatura infantojuvenil 028.5
2. Oceanógrafos : França : Biografia : Literatura juvenil 028.5
Iolanda Rodrigues Biode - Bibliotecária - CRB-8/10014

©2019, Catapulta Editores LTDA
©2019, Daniel Balmaceda
c/o Shavelzon Graham Agencia Literaria
www.shavelzongraham.com
©2019, Pablo Bernasconi

Livro de edição brasileira.

Nenhuma parte desta obra poderá ser reproduzida, copiada, transcrita ou mesmo transmitida por meios eletrônicos ou gravações sem a permissão, por escrito, do editor. Os infratores estarão sujeitos às penas previstas na Lei nº 9.610/98.

MONTANDO BIOGRAFIAS

JACQUES COUSTEAU

DANIEL BALMACEDA · PABLO BERNASCONI

Catapulta junior

ÍNDICE

1. ANTES DE MAIS NADA, APRENDA A NADAR 9

2. NÃO TENHA MEDO DA ÁGUA 17

3. CONSIGA UM BARCO QUE TE LEVE MAR ADENTRO 23

4. CUIDE PARA TER A EQUIPE ADEQUADA
PARA RESPIRAR EMBAIXO D'ÁGUA 31

5. AJUSTE AS CORRENTES DOS TANQUES E OS ÓCULOS,
E VERIFIQUE O CINTO COM PESOS ANTES DE DESCER 37

6. SENTE-SE À BEIRA DO BARCO E MERGULHE NA ÁGUA 43

7. NUNCA MERGULHE SOZINHO. POR PRECAUÇÃO,
É PRECISO MERGULHAR COM OUTRA PESSOA 53

8. OLHE AO REDOR. PODE INTERAGIR COM A
FAUNA MARINHA, MAS NÃO INTERFIRA NELA 59

9. NADE, OBSERVE, APROVEITE, MERGULHE
NA MAGIA DAS PROFUNDEZAS 65

10. SOLTE OS PESOS DO CINTO E DEIXE-SE
LEVAR PELA ÁGUA ATÉ A SUPERFÍCIE 69

Toulon, novembro de 1938

Mon cher père

Antes de contar as novidades, peço que, ao receber esta carta, me envie uma resposta para que eu saiba como você e a mamãe estão.

Nós estamos cada vez melhores. O pequeno Jean-Michel está crescendo muito rápido. Simone é uma ótima mãe e cuida dele com muita dedicação. Escolhi uma ótima companheira.

Escrevo a você da base de Toulon. Meu braço, pouco a pouco, está melhorando e acredito que no futuro conseguirei ter mobilidade total.

Meu amigo Philippe Tailliez me apresentou a Frédéric Dumas. Nós três dedicamos grande parte de nosso tempo livre a nadar e a investigar o mar. Para ver embaixo d'água, Philippe teve a ideia de utilizar os óculos que usam os pilotos. Você não poderia nem imaginar a variedade de peixes que podermos ver! É fascinante tudo o que existe além da superfície.

Passamos muito tempo na água. O que começou como terapia para recuperar meu braço, agora é quase minha vida toda. Nossa vida, a bem da verdade, porque com Philippe e Frédéric passamos horas e horas tentando conquistar a "planície azul". Nos apelidamos de mosqueteiros do mar.

Estamos tentando prender a respiração o maior tempo possível embaixo d'água. Mas nossos pulmões têm um limite. E me pergunto: Haverá limites para o ser humano?

Há muito tempo o homem mostrou que para as aventuras não há limites. Há vinte e nove anos, Robert Peary conseguiu chegar ao Polo Norte. Dois anos depois, Roald Amundsen conquistou o Polo Sul. Inventaram aviões para atravessar o céu. Até as montanhas deixaram de ser intransponíveis! O homem parece ter dominado todos os pontos da Terra. Menos um.

Até agora, ninguém conseguiu explorar o oceano. O que há lá embaixo? Quais mistérios se escondem sob o peso de milhões de litros de água? Que tipo de vida nasce e se desenvolve nas profundezas sem que saibamos?

Falamos com Simone e acredito que é para isso que quero dedicar minha vida. Juntamente com os outros mosqueteiros, estamos desenvolvendo ideias sobre como respirar embaixo d'água e como poder chegar mais fundo.

Quero ser o homem que conquistará o mar.

Son fils, qui l'apprécie,

Jacques-Yves Cousteau

1. ANTES DE MAIS NADA, APRENDA A NADAR

Em um antigo povoado chamado Saint-André-de-Cubzac, havia duas famílias vizinhas: os Duranthon, que tinham cinco filhas, e os Cousteau, com cinco filhos.

Uma das filhas dos Duranthon, Elizabeth, de dezoito anos, se casou com Daniel, um dos irmãos Cousteau. Apesar de os Duranthon serem uma família rica por serem donos de vinhedos, os recém-casados decidiram se afastar do negócio da família. Daniel era advogado e queria desenvolver sua vida profissional em Paris.

No mesmo ano em que se casaram, em 1906, nasceu Pierre-Antoine. Apesar de Daniel Cousteau ter apenas um cliente, passava pouco tempo em sua casa devido às viagens de negócios.

Em 1909, quando Elizabeth voltou a ficar grávida, o casal decidiu que a jovem mãe, juntamente com o pequeno filho de três anos, regressariam a Saint-André para viver perto das famílias de ambos.

No dia 11 de junho de 1910, Elizabeth acordou com uma leve dor. Havia sentido desconforto a noite toda, mas não imaginou que o parto aconteceria logo. Ao meio-dia, em um dos quartos da parte de cima da casa dos Duranthon, do outro lado da igreja do povoado, ouviu-se o choro de um bebê.

O primeiro a escutá-lo foi Pierre, o agora irmão mais velho, que, apesar de estar brincando com suas tias no jardim, estava atento ao que acontecia na casa.

O novo filho dos Cousteau se chamava Jacques-Yves. Assim que nasceu, a família voltou a se estabelecer em Paris, onde Jacques passou os primeiros anos de vida.

Devido ao trabalho de Daniel, os Cousteau viajavam muito de trem. Certa vez, Elizabeth, de pé na plataforma da estação, segurou uma mão de Jacques e a outra de Pierre, enquanto Daniel cuidava do equipamento. Depois de ouvirem o estrondo dos freios, o vapor da locomotiva do trem invadiu o ambiente.

Jacques puxou a manga do vestido de sua mãe e perguntou:

— Aonde vamos?

— Passaremos um dia em Deauville.

— E o que há lá, mamãe?

— O mar.

Jacques sorriu para sua mãe e, enquanto o trem parava, a família Cousteau subiu e se acomodou em um camarote individual. A locomotiva começou a andar e o pequeno Jacques dormiu ninado pelo movimento do veículo deslizando pelos trilhos.

Quando chegou em Deauville, eles fizeram o registro em um complexo de casas para turistas. Daniel e Elizabeth queriam guardar suas coisas primeiro, mas, diante da insistência de Jacques, que queria ver o mar, mudaram de planos. Todos foram à praia. O pequeno correu pela areia, quase sem perceber que ela estava quente. De repente, parou. Diante de seus olhos, acontecia algo que jamais tinha visto. Uma imensidão azul, inquieta, que se desfazia em espuma branca ao chegar à orla. A vista do mar era imponente, mas ainda mais impactante era seu cheiro, que se espalhava pelo ar e atravessava os poros.

Não pensou duas vezes.

Correu o mais rápido que conseguiu e se jogou na água. Do jeito que estava, com sua roupa de marinheiro, azul e branca, as meias brancas e os sapatos engraxados.

Daniel correu atrás dele para tirá-lo da água.

— Jacques-Yves! Nunca mais volte a se jogar no mar desse jeito! É perigoso!

— Mas papai, há pessoas na água. Elas sorriem. Não parecem estar em perigo.

— Jacques, essas pessoas sabem nadar, mas você, não.

— Ahhhh! Então, posso aprender a nadar? — perguntou o pequeno curioso.

— Sim, claro, e aqui é um bom lugar para isso — respondeu Daniel, enquanto levava o filho, todo molhado, em seus braços.

Deauville foi o lugar onde Jacques Cousteau, aos quatro anos, teve contato com o mar pela primeira vez.

Os anos felizes de Jacques duraram pouco. Em 1914, a Alemanha invadiu a França e o mundo se viu envolvido em uma fase de dor e morte. Começava a Primeira Guerra Mundial.

Viver em Paris era muito difícil. Quase não havia o que comer, e a água e a eletricidade eram racionadas. Além disso, o único cliente de Daniel havia partido da Europa e deixado o *monsieur* Cousteau sem trabalho. A família decidiu voltar a Saint-André, onde, pelo menos, podia trabalhar no negócios dos vinhedos.

Para Jacques, foram momentos dolorosos, não apenas pela guerra, mas também devido a sua saúde. Era pequeno, muito magro, sofria de anemia e problemas estomacais.

Quando Jacques completou dez anos, em 1920, Daniel conseguiu um trabalho em Nova York e para lá os quatro se mudaram.

Os oito dias de duração da viagem foram inesquecíveis para Jacques. Percorreu o barco todo sem deixar nem um canto inexplorado. Fascinado com aquela enorme máquina flutuante, ele fez amizade com toda a tripulação e aprendeu tudo o que pôde sobre o mundo da navegação.

Apesar de estar em um país estrangeiro, com um idioma diferente e sem amigos, Jacques aproveitou sua vida nos Estados Unidos. Aproximou-se muito de seu irmão, a quem todos chamavam de PAC (por causa das iniciais de Pierre-Antoine Cousteau).

O pequeno Jack, como o chamavam em inglês, não gostava da escola, e também não era muito sociável. Mas adorava montar coisas. Seus pais compravam para ele modelos para montar aviões, barcos e máquinas. Jacques passava horas sozinho, montando e desmontando, trocando os modelos e criando outros diferentes. Mas sua mãe não queria que o filho passasse tanto tempo dentro de casa, sem companhia. Assim, mandou o menino, junto com o irmão, a um acampamento de verão.

O instrutor que os recebeu era um professor alemão e impunha uma disciplina muito rígida. As atividades envolviam nadar, remar e andar a cavalo, entre outras. Mas Jacques não gostava de cavalos e se negou a montar. Então, o professor impôs a ele, como castigo, atirar-se ao lago para tirar dali os galhos secos que tinham caído das árvores.

Ele se aproximou da borda do lago sob o olhar atento de seus colegas e do professor.

Pisou na água com um dos pés. Depois, com o outro. Escutou a risada de algumas crianças. Mas, sem se virar, continuou caminhando na água. À medida que seu corpo ia entrando na água, o medo desaparecia e não só sentia a água, mas também sentia alegria. Enfiou a cabeça dentro da água e abriu os olhos.

Apesar de não conseguir ver nada pela quantidade de barro que ali havia, ele se deu conta de que ali embaixo poderia descobrir um novo mundo.

Em pouco tempo, estava tão entusiasmado nadando e tirando galhinhos do lago, que as crianças que riam dele ficaram entediadas e foram embora.

Nunca mais se esqueceu daquela experiência.

Foi um batizado subaquático.

Em 1923, os Cousteau voltaram à França. Paris não era a mesma cidade que tinham deixado muitos anos atrás. Eram os loucos anos 1920. A guerra já tinha terminado. Paris era uma festa. A música tocava nos gramofones. As pessoas dançavam, e a criação mágica dos irmãos Lumière, o cinema, se tornava amplamente difundida.

Jacques, que tinha 13 anos agora, ficou maravilhado com a nova tecnologia. Um aparelhozinho capaz de captar imagens em movimento e projetá-las... muitas vezes. Quantas vezes a pessoa quisesse.

O cinema se transformou em sua paixão. Seus filmes preferidos eram os de Charles Chaplin e os de Buster Keaton. E, como eram mudos, a atuação era mais importante do que tudo. Ainda não tinham inventado o cinema falado.

JYC, como ele gostava de ser chamado (devido às iniciais de seu nome completo), economizou durante três meses e por fim conseguiu comprar uma câmera Pathé Baby. Fez muitos testes até finalmente ter a oportunidade de demonstrar tudo o que tinha aprendido. Quando um de seus primos se casou, ele filmou a cerimônia, algo muito raro naquela época. Jacques gostava de fazer coisas que as outras pessoas consideravam estranhas.

Os anos de sua adolescência foram divertidos. Fez amigos no ensino médio, mas continuava não gostando da escola. Em vez de estudar, passava horas e mais horas testando sua câmera. Tinha certeza de que seu futuro teria a ver com o cinema. Queria ser diretor, ator, roteirista e produtor.

Por pensar muito em cinema, acabou distraindo-se dos estudos. Em 1928, foi expulso do colégio por mau comportamento. Elizabeth, sua mãe, resolveu matriculá-lo em uma escola com mais disciplina na Alsácia-Lorena, perto de Paris. No entanto, para ele, o maior castigo foi sua mãe tirar sua câmera. Foi uma lição difícil para JYC.

Em 1929, concluiu o ensino médio entre os primeiros da sala, voltou a Paris e no ano seguinte decidiu entrar para a Marinha francesa, sempre com sua companheira inseparável, a câmera.

2. NÃO TENHA MEDO DA ÁGUA

Apesar do fascínio que a água exercia no jovem Jacques, ele nunca pensou que sua vida estaria ligada às profundezas dos mares e oceanos. Era um aventureiro, tinha claro em sua mente que não queria um trabalho monótono. Por isso entrou para a Marinha francesa.

Passou o primeiro ano percorrendo o mundo. Literalmente deu a volta ao mundo. Jacques filmava, com sua câmera, todos os portos em que seu barco atracava. Ásia, África, Oceania, América, Europa. A capacidade de encantamento do jovem não acabava. Todos os cantos do planeta guardavam tesouros a serem descobertos.

Em 1933, em uma viagem ao Japão, conheceu um empresário francês: Henri Melchior. *Monsieur* Melchior era diretor da empresa Air Liquide, dedicada a produzir e comprimir ar em tanques e tubos. Também conheceu a família do empresário e Simone, uma de suas filhas, que na época tinha catorze anos. Os dois jovens apenas trocaram olhares.

Quando voltou a Paris, nosso aventureiro se formou na Marinha como oficial de artilharia. A vida a bordo parecia fascinante, mas JYC queria descobrir coisas novas. Depois de um ano navegando pelos mares do mundo, acreditava já ter vivido aventuras em alto mar em número suficiente. Por isso, em plena época de façanhas aéreas – Antoine de Saint-Exupéry tinha realizado voos noturnos e Jean Mermoz tinha cruzado o Atlântico até a América do Sul, Jacques Cousteau solicitou ingresso no corpo de Aviação Naval.

Ficava entusiasmado pensando em tudo o que poderia filmar do céu. Além da filmadora, o aprendiz de piloto, Cousteau, levava consigo, nos voos realizados, uma câmera fotográfica, sua nova paixão.

Mas o destino de Jacques não estava no ar. Por mais que ele se empenhasse em mudar de caminho, a vida se encarregaria de direcionar os passos dele.

Em janeiro de 1936, pouco antes de receber suas asas de piloto, Jacques viajou de carro para participar do casamento de um amigo nas montanhas. Era um caminho sinuoso e estava chovendo. O jovem de 25 anos se sentia seguro ao volante, apesar do mau tempo e do perigo no caminho.

Estava fazendo uma curva quando, de repente, os faróis do carro se apagaram. A escuridão tomou Jacques de surpresa. Sem luzes não dava para ver a rota, então pisou no freio tarde demais e o carro despencou e capotou muitas vezes. Parecia ser o fim. O corpo do jovem foi jogado de um lado ao outro dentro do carro, até que, por fim, o veículo parou. Metade do corpo de JYC estava para fora da janela e a chuva não parava de molhá-lo.

Jacques conseguiu sair do carro e, arrastando-se, chegou a uma casa onde lhe deram socorro.

Já no hospital, as notícias não eram animadoras. Um de seus braços estava tão infeccionado que os médicos queriam amputá-lo para evitar que a infecção se espalhasse. Jacques se negou. Estava determinado a salvá-lo.

E foi o que fez.

Mudou-se para a casa de seus pais, onde começou a fazer o tratamento de reabilitação do braço. Ao longo daqueles meses, também pensou no futuro. Devido ao seu estado, não podia ser piloto. Tinha que pensar em uma alternativa. Trabalhar com cinema voltou a ser uma boa ideia.

Irritado por passar os dias sem poder fazer muita coisa além de exercícios para curar seu braço, Jacques aceitou um convite de *monsieur* Melchior, aquele empresário que ele havia conhecido no Japão, para ir a uma festa que estava organizando em sua casa. Cousteau aproveitou para levar sua câmera.

Por meio da lente do equipamento, viu passar uma moça loira que lhe chamou a atenção. Abaixou a câmera e a observou. Era a filha de Melchior, a mesma que tinha conhecido no Japão. Mas agora tinha se tornado uma linda mulher.

Apesar de Jacques não ser muito bonito, por ser muito magro e ter um nariz grande, Simone só tinha olhos para ele. JYC tomou coragem e foi falar com ela.

Jacques e Simone Melchior começaram a sair. Quando o jovem se recuperou do acidente e voltou à Marinha, foi transferido para uma base naval no sul da França, em Toulon. Simone viajava para lá para encontrar o namorado.

Apesar dos exercícios de reabilitação, seu braço não parava de doer. Um oficial chamado Philippe Tailliez deu um conselho que mudaria a vida de Cousteau para sempre. E, por mais que não tivesse imaginado naquele momento, também mudaria a de Tailliez.

— *Monsieur* Cousteau — disse Tailliez em um intervalo do trabalho, enquanto descascava uma maçã —, você deveria aproveitar o lugar em que vivemos para exercitar seu braço.

— A que se refere, *monsieur* Tailliez?

— A nadar. Não existe exercício melhor para se reabilitar do que a natação. E aqui, há uma piscina ideal: o mar Mediterrâneo.

Jacques ficou olhando o oficial. Sempre gostou da água, mas nunca tinha pensado que a água poderia servir para recuperar seu braço. Agradeceu a Philippe e, desde então, depois do trabalho, os dois iam a Le Mourillon, uma praia um pouco distante. Jacques nadava e exercitava o braço e Philippe pescava.

Quando Jacques terminava os exercícios, ia à praia, onde Philippe o esperava. Quando tinham sorte com a pesca, acendiam uma fogueira e assavam o peixe. Esse ritual uniu os dois jovens, que se tornaram melhores amigos.

Em julho de 1937, Jacques e Simone se casaram em Paris. Os dois se mudaram para uma casa que ficava a poucos quilômetros da base naval de Toulon, onde Jacques trabalhava como instrutor de artilharia.

No ano seguinte, nasceu o primeiro filho do casal, a quem deram o nome de Jean-Michel.

A vida em Toulon era divertida: trabalhar durante o dia e depois, nadar. Nos finais de semana, também nadavam e Simone acompanhava os dois amigos.

Um dia, Philippe emprestou a JYC um par de óculos de aviador e um tipo de *snorkel*. Com eles, pode ver o que antes nunca tinha visto.

Apesar de o jovem sempre abrir os olhos quando mergulhava, a água salgada os irritava. Com os óculos, conseguia ver o que havia embaixo d'água e descobriu um novo mundo.

Algas, corais, ouriços do mar, peixes coloridos. Havia de tudo ali. Algo chamou muito sua atenção: o silêncio. Dentro do mar não há barulho. Mergulhar era como entrar em outro planeta dentro do planeta Terra. A areia da praia era a porta de entrada desse universo desconhecido.

Mares, oceanos, rios, lagos. A água é um elemento essencial para o ser humano. No entanto, os homens só tinham pensado no mundo marinho como meio de obter peixes ou transportar barcos. Sempre tinham ignorado aquilo e havia um motivo óbvio: não era possível respirar dentro da água.

Jacques estava disposto a mudar isso. O homem não tem asas e, ainda assim, conseguiu voar. Por que não conseguiria mergulhar e respirar dentro da água?

Philippe o apresentou a um de seus amigos: Frédéric Dumas.

Didi, como chamavam Dumas, também era apaixonado pela água, desfrutava especialmente a pesca, assim como Philippe. Didi conseguia prender a respiração por muito tempo, e isso permitia a ele mergulhar fundo.

Os três se transformaram em grandes amigos e se chamavam les *mousquemers*, ou seja, os mosqueteiros do mar. Havia uma quarta mosqueteira: Simone, que acompanhava os amigos em suas aventuras marinhas.

Em pouco tempo, o que começou como uma brincadeira e uma maneira de reabilitar o braço de Jacques se transformou em um modo de vida.

A maior aventura de sua vida estava para começar.

3. CONSIGA UM BARCO QUE TE LEVE MAR ADENTRO

Jacques Cousteau queria compartilhar seu fascínio pela vida subaquática com o mundo. Como mostrar a todos o que havia embaixo d'água? Pensou que poderia ter feito isso valendo-se de outras paixões, o cinema e a fotografia. Mas havia um problema: dentro da água, a câmera se estragaria.

JYC pensou muito sobre como poderia filmar embaixo da água, até lhe ocorrer uma ideia e ele fazer a primeira tentativa: ligou a filmadora e a colocou dentro de um vidro. Assim, conseguiu fazer as primeiras cenas embaixo d'água. Ele submergia e filmava Simone nadando em cima dele.

A atividade submarina foi se transformando no centro da vida dos mosqueteiros. Para se transformarem em verdadeiros "homens-peixe", tinham que descobrir o modo de respirar embaixo d'água. Os três amigos passavam muito tempo na biblioteca da base naval para estudar o que havia feito o homem ao longo da história para poder nadar submerso. Descobriram que eles usavam grandes mangueiras e roupas de mergulho, mas estas limitavam muito seus movimentos, não dava para se movimentar sozinho e ir para onde quisesse. Perceberam que não encontrariam as respostas nos livros de ciências. As melhores ideias vinham da literatura fantástica e da ficção científica. Por isso, leram os textos do homem que mais sabia sobre o tema: Julio Verne.

O escritor tinha apresentado, em 1869, seu livro *Vinte mil léguas submarinas*. Nele, descrevia um equipamento que continha ar respirável e que se punha nas costas dos viajantes submarinos. No tal livro, os tripulantes do *Nautilus*, o submarino comandado pelo capitão Nemo, podiam se deslocar durante várias horas pelos bosques submarinos. Mas era só um romance. Até o século XX, a ideia de conhecer o mundo que se escondia dentro do mar, ou chegar à Lua, eram coisas que só podiam ser feitas nos livros.

Cousteau sabia que respirar dentro da água não seria algo fácil de conseguir.

Quando fizeram os primeiros ensaios, com enorme risco e perigo, confirmaram algo que já tinham lido: quanto mais uma pessoa mergulhava, maior era a pressão que a água exercia sobre o corpo. Quando se administrava oxigênio a um corpo submetido a muita pressão, o oxigênio se tornava venenoso para o corpo. A única forma de saber quanto oxigênio deveria ser enviado aos pulmões estando dentro da água era testando pessoalmente.

Jacques desceu até o fundo do mar, lentamente, conectado a uma mangueira que, por sua vez, estava ligada a um tanque que flutuava e pelo qual transferia oxigênio. Quando chegou aos quarenta e cinco metros de profundidade, seus lábios começaram a se mexer involuntariamente. Começou a se contorcer e a ter convulsões. Por sorte, notou o que estava acontecendo e soltou o cinto com pesos que levava para poder descer, e assim conseguiu subir à superfície.

Simone estava muito irritada. Já havia pedido ao marido que tomasse cuidado. Não queria ser viúva tão jovem!

Os mosqueteiros do mar também tinham experimentado na própria pele a temperatura dentro da água. À medida que desciam, os raios de sol diminuíam e a temperatura da água caía.

Precisavam encontrar um material que protegesse o corpo deles da água fria.

Mas todos esses experimentos, todas as ideias que Jacques e seus amigos queriam colocar em prática para poder conquistar os mares foram interrompidos pelo início da Segunda Guerra Mundial.

A França, a pátria de Jacques, se viu especialmente afetada pela guerra, já que foi invadida pela Alemanha. JYC se uniu à Resistência francesa e participou de diversas operações, em alguns casos, muito arriscadas.

Certa vez, um barco inglês cheio de torpedos ficou encalhado no mar Mediterrâneo. Suas hélices tinham ficado presas em uns cabos e não podiam se mexer. Cinco mergulhadores, entre eles Jacques, foram convocados para solucionar o problema. Conseguir isso não era tarefa fácil: dependiam de seus pulmões. Desceram. Tudo estava silencioso. Nadaram com calma, mas com ritmo, para chegar até o barco. Prendendo a respiração, sem ajuda de oxigênio, foram se revezando para descer. O mergulhador que já não conseguia mais prender a respiração subia à superfície. Foram momentos muito tensos. Se algum deles ficasse preso, poderia morrer. Com paciência e graças ao treinamento, conseguiram desenroscar os cabos das hélices e o barco deixou de ser algo branco e imóvel.

Fora da água, Jacques também colaborou com a Resistência francesa. Aproveitando seus conhecimentos de fotografia, em meados de 1940, encomendaram uma missão. Tinha que fotografar alguns documentos que estavam dentro dos escritórios do exército italiano, inimigo da França.

Para conseguir fazer isso, vestido com o uniforme italiano, tinha que entrar no escritório sem despertar suspeitas, pegar os arquivos, tirar as fotos e fugir. Qualquer erro significaria a morte. Da mesma maneira que havia prendido a respiração embaixo da água, naquela situação tinha que manter a calma. Sabia que o mais importante era não chamar a atenção. Foi atravessando portas e passando por guardas armados e controles. A cada passo que dava para dentro, mais se afastava da saída e da possibilidade de fugir. Por fim, chegou aos arquivos, tirou as fotos e, com toda a serenidade do mundo, foi em direção à saída. Missão cumprida!

Mas no meio da guerra também havia momentos de felicidade. No dia 30 de dezembro de 1940, nasceu Philippe-Pierre Cousteau, o segundo filho de Jacques e Simone. O nome escolhido foi uma homenagem a um de seus melhores amigos.

Depois do nascimento do pequeno, Simone e as crianças foram morar nas montanhas, onde os perigos da guerra eram menores. De todo modo, foi um período difícil. Jacques se ausentava durante muito tempo por causa do trabalho. Não sobrava outra alternativa porque precisava sustentar a família. A escassez, não só de comida, mas também de bebida e combustível, estava presente em todos os lados.

Quanto pior a guerra se tornava, mais o aventureiro sentia vontade de se enfiar no mar, porque dentro do mar era silencioso.

E havia paz.

Um universo desconhecido se escondia sob a superfície do mar e isso deixava Jacques Cousteau e seus amigos cada vez mais obcecados. O pouco tempo que havia passado dentro da água tinha sido suficiente para mostrar a ele a quantidade de tesouros ocultos que havia ali. Imaginava quantas espécies desconhecidas viviam nas profundezas.

Nunca na história da humanidade, o homem tinha chegado ao fundo do mar.

Os gregos tinham imaginado um deus do mar, Poseidon, que com seu tridente comandava o mundo submarino. Sereias e criaturas marinhas guardavam os segredos das profundezas. Mas ninguém nunca tinha comprovado se elas existiam ou não! Somente ele e seus amigos tinham começado a revelar os mistérios submarinos. Tinha que mostrar a todo mundo. O mundo tinha que saber!

Jacques tinha sido transferido a uma base naval em Marselha. Nessa época, um novo mosqueteiro tinha se unido ao grupo. Ele se chamava León Vèche.

Jacques tinha comprado uma câmera filmadora de 35 milímetros, e León o havia ajudado a criar e a fazer uma capa para que ela pudesse ser usada embaixo d'água.

Em outubro de 1942, a experiência de filmar dentro da água foi exitosa. O filme, um curta, recebeu o título de *A dezoito metros de profundidade*. Todos se reuniram, Jacques, Simone, as crianças e os outros mosqueteiros, na casa dos Cousteau para ver a filmagem. Tinham conseguido filmar um barco naufragado. O mar não só guardava seres até então desconhecidos, mas também tesouros fabricados pelos homens. Tudo o que havia sido perdido na água estava em algum canto do mar, esperando ser descoberto. E ao encontrar esses tesouros, muitos segredos da história podiam ser revelados!

Mas para chegar a conhecer esse mundo submarino, ele tinha que respirar embaixo d'água e se movimentar com autonomia sem estar preso a nenhuma mangueira.

Precisava encontrar uma maneira.

Precisava de pulmões aquáticos.

4. CUIDE PARA TER A EQUIPE ADEQUADA PARA RESPIRAR EMBAIXO D'ÁGUA

Simone e Jacques eram mais do que um casal, eram uma equipe. Ela entendia a obsessão que o marido tinha por conseguir respirar embaixo d'água e decidiu ajudá-lo. Falou com seu pai, Henri Melchior, e perguntou a ele se na Air Liquide, a empresa dele que se dedicava a envasar oxigênio e gás, havia alguém que pudesse ajudar Jacques a desenvolver um dispositivo que lhe permitisse mergulhar com autonomia.

Henri Melchior colocou Jacques em contato com um engenheiro chamado Émile Gagnan.

Envasar oxigênio em um tubo não era o problema, o mais difícil era encontrar um regulador, ou seja, um dispositivo que regulasse a quantidade de oxigênio que deveria passar do tubo à boca segundo a profundidade em que estivesse o mergulhador. E Gagnan trabalhava nisso quando conheceu Cousteau.

Depois de muito tentar, acabaram conseguindo. O mecanismo era formado por três tubos médios, do tamanho das costas, que era carregado como se fosse uma mochila. Dos tubos saía uma mangueira que tinha um dispositivo regulador.

A primeira prova foi realizada no rio Marne, perto de Paris, em janeiro de 1943. Umas doze pessoas participaram do experimento, entre elas, Simone e Gagnan. O problema que se apresentou foi que, para poder respirar corretamente, o mergulhador tinha que ficar em posição horizontal. Portanto, ainda não conseguiam ter a autonomia que buscavam.

Émile Gagnan voltou ao laboratório para continuar trabalhando. Os Cousteau voltaram ao sul da França e alugaram uma casa com as famílias de seus amigos Philippe e Didi. Em junho, com o verão europeu, chegaram umas caixas da empresa Air Liquide endereçadas a *monsieur* Jacques-Yves Cousteau. Ele não acreditou. Ali estava o *aqua-lung* (pulmão aquático), o sonho que ele e Gagnan tinham tornado realidade.

Os mosqueteiros se reuniram para jantar para decidir como experimentá-lo em mar aberto.

— Bem, amanhã mesmo experimentaremos o *aqua-lung* — disse Jacques a seus amigos. — Eu vou descer com os tanques. Didi, você tem que estar atento, é você quem consegue prender a respiração por mais tempo embaixo da água. Se alguma coisa der errado, você será o responsável por me resgatar.

— *Parfait, cher ami.* Estarei ali, bem atento — respondeu Didi Dumas.

— Temos que sair cedo. Não quero que algum barco italiano ou alemão nos veja — disse Jacques, com a voz baixa.

No outro dia, muito cedo, antes que o sol nascesse, os mosqueteiros embarcaram mar adentro. Longe da costa, o bote parou.

Todos ajudaram JYC a colocar os tanques nas costas. Ele usava uma máscara que cobria seus olhos e nariz. Isso era fundamental, a máscara não servia apenas para poder ver embaixo da água, mas também para evitar que o mergulhador inspirasse pelo nariz sem querer e que água entrasse em seus pulmões.

Quando estava pronto, Jacques-Yves Cousteau se jogou na água.

MADE IN FRANCE

Descia cada vez um pouco mais. O *aqua-lung* estava funcionando perfeitamente!

Jacques não só nadava, como também dançava dentro da água ao ritmo das correntes marinhas. Movia-se de um lado a outro e de cima para baixo. Como um peixe. Como um integrante a mais da comunidade aquática submarina.

Cuidava para conter as lágrimas de emoção que queriam escapar de seus olhos. Ele tinha conseguido! Finalmente podia se movimentar livremente e sem amarras embaixo da água!

Simone, que estava presente, observava tudo da superfície. Ela nadava com um snorkel e controlava para que tudo ficasse em ordem. Jacques descia cada vez mais. Mergulhou durante uma hora inteira. Explorava, observava, tocava, aprendia, desfrutava.

De repente, um buraco apareceu à sua frente. Não conseguiu resistir e entrou na escuridão da caverna submarina. As paredes estavam tomadas de lagostas. Jacques levou duas para comer com sua equipe naquela noite.

As portas de um mundo novo tinham sido abertas.

Naquele verão de 1943, os mosqueteiros desceram à profundidade umas quinhentas vezes. Simone também participava e se tornou a primeira mulher mergulhadora.

Uma das coisas que mais gostava de fazer era explorar barcos naufragados cobertos de algas e mexilhões. Os peixes entravam nos barcos e logo saíam deles, como se brincassem com as pessoas.

O *aqua-lung* foi batizado com o nome de *scuba*, as iniciais de *self-contained underwater breathing apparatus* (aparato autônomo de respiração submarina).

O feito de o homem conseguir interagir com os seres vivos das profundezas traz um problema: o ser humano podia manipular um ecossistema, intervindo nele, mudando tudo. O equilíbrio entre o homem e a vida marinha estava a ponto de mudar. Isso foi algo que Jacques viu com clareza desde o primeiro momento.

Ao final de 1943, todos os membros da equipe tinham seu *aqua-lung*. Jacques e Philippe levaram as filmagens feitas dentro d'água à Marinha. Quem assistia às gravações ficava paralisado com as maravilhas da vida subaquática. A Marinha francesa encomendou dez tubos para mergulho. Todos queriam mergulhar nas profundezas.

Em 1945, a guerra terminou e Jacques foi enviado para trabalhar em um escritório. Juntamente com Philippe, convenceram seus superiores que seriam muito mais úteis dentro da água do que sentados em um escritório.

Assim se formou o Grupo de Investigações Submarinas. Ao longo do primeiro ano, seus integrantes se dedicaram a limpar o mar de minas. Durante a guerra, os alemães tinham enchido o fundo do mar com minas que podiam explodir a qualquer momento. Era preciso desativá-las. Outra das atividades dos mosqueteiros era treinar homens da marinha na arte do mergulho.

"Quando inventamos o *aqua-lung*, estávamos brincando. Eu continuo brincando", comentou Jacques, anos depois. Mas a realidade era que essa brincadeira tinha deixado de ser um passatempo e se transformou em uma carreira profissional. Uma carreira que o levaria a lugares escondidos aos quais um ser humano nunca pensou que chegaria.

Jacques Cousteau se tornou o primeiro mergulhador profissional da história.

Seu braço já não doía mais.

5. AJUSTE AS CORRENTES DOS TANQUES E OS ÓCULOS, E VERIFIQUE O CINTO COM PESOS ANTES DE DESCER

Enquanto era preparado o escritório do Grupo de Investigações Submarinas, Cousteau e Gagnan faziam os trâmites necessários para patentear sua invenção. O grupo era formado por Cousteau, Philippe Tailliez, Didi Dumas, Maurice Fargues, Jean Pinard e Guy Morandière, entre outros homens que iam se unindo ao projeto. Bem a tempo para a nova aventura que surgiu.

A Fontaine-de-Vaucluse, perto de Avignon, no sul da França, é um buraco dentro de uma caverna que esconde um mistério. Diz a lenda que ali vivia uma serpente alada, uma espécie de dragão, que aterrorizava a população e comia seus habitantes. Certa vez, Veranus, bispo de Cavaillon, enfrentou o dragão e, mostrando a ele o crucifixo, exigiu que este deixasse o povoado. O dragão voou aos Alpes e nunca mais voltou.

A fossa da lenda fornece água ao rio Sorgue. Todos os anos, em março, por cinco semanas, a água na fossa emerge com violência e inunda o rio. Durante séculos, foi um mistério sem solução. Muitos acreditavam que o dragão continuava escondido na fossa e que provocava a subida do rio. Mas Jacques Cousteau sabia que isso não era verdade.

Em 1946, pediu permissão à Marinha e foi até a Fontaine-de-Vaucluse para descer à fossa e conseguir desvendar o mistério.

Fez uma reunião de equipe.

— Sabemos que mergulhar em uma fossa é extremamente perigoso — disse JYC —, muito mais perigoso do que mergulhar em águas abertas, como o mar.

— Sim — respondeu Didi Dumas. — Deveríamos fazer uma lista dos perigos que enfrentaremos e decidir quem vai mergulhar.

— Concordo — respondeu Jacques.

— Em primeiro lugar — disse Didi —, não sabemos o que há lá embaixo. A temperatura da água não passa de doze graus. O frio é um problema sério.

— Estamos criando uma roupa de mergulho para nos proteger do frio — explicou Cousteau.

— Muito bem — disse Philippe —, mas ainda há mais. A escuridão é profunda. Nossas lanternas iluminam pouco.

— E não é só isso — interrompeu Didi enquanto Jacques ouvia atentamente e fazia anotações em um caderno. — Não sabemos como é o terreno dentro da fossa. Pode haver muitas rochas que poderiam cortar a corda que nos liga com o lado de fora. Se isso acontecesse, não poderíamos voltar a subir.

— E precisamos ter cuidado: não sabemos qual é a profundidade da fossa. Além disso, sempre existe o risco de intoxicação com oxigênio — disse Philippe, muito sério.

Na fossa não havia nenhum dragão, mas os perigos eram enormes. Depois de finalizada a reunião, todos se entreolharam. Fez-se um longo silêncio, interrompido pelo ruído de uma cadeira sendo arrastada. Era a cadeira de Jacques, que se levantou e disse:

— Eu vou. Eu me arrisco. Vou descer.

Todos olharam para ele. Didi anunciou que também iria.

Os voluntários já estavam decididos.

No dia 27 de agosto de 1946, os *mousquemers* partiram de Toulon até Fontaine-de-Vaucluse.

Na entrada da cratera estava Simone, parada, com os braços cruzados, preocupada e irritada. Não gostava que seu marido se arriscasse tanto.

Os dois mergulhadores desceram amarrados um ao outro com uma só corda.

A descida foi complicada. As paredes da caverna eram tão irregulares que os mergulhadores pareciam estar descendo pela encosta de uma montanha. A escuridão os envolveu e a fraca luz das lanternas permitia que eles vissem apenas um ao outro.

Logo a corda ficou enroscada em uma saliência. JYC e Didi conseguiram soltá-la. Os que estavam na superfície se perguntavam: "O que está acontecendo lá embaixo? Por que de repente a corda parou de se mexer? Seria um sinal dos mergulhadores?".

A equipe tinha preparados alguns sinais de advertência. Se os mergulhadores dessem um puxão na corda, era sinal para que a equipe da superfície a mantivesse tensa. Se os mergulhadores dessem três puxões, era sinal de que precisavam de mais corda para continuar descendo. Se dessem seis puxões, a mensagem era "Puxem-nos agora".

Naquele momento, não deram nem um puxão.

Por fim, os dois mergulhadores conseguiram desatar a corda e continuaram em frente. Os membros da equipe que estavam à superfície, incluindo Simone, se tranquilizaram ao ver que a corda continuava a se mexer.

Mas um passo em falso em uma das paredes da caverna fez com que os dois mergulhadores caíssem no fundo. Jacques começava a sentir uma dor de cabeça insuportável devido à pressão. E isso não era o pior. A roupa de Didi tinha se rasgado e enchido de água. Didi começava a perder a consciência.

O puxão violento na corda voltou a preocupar a equipe, que esperava à superfície.

— O que está acontecendo? — perguntou Simone.

— Calma, *madame* Cousteau, seu marido sabe o que faz. Não vai se arriscar demais — Philippe tentou acalmá-la enquanto a abraçava e observava o restante da equipe com preocupação.

Enquanto isso, na profundidade da fossa, JYC viu que Didi parecia estar dormindo e tentou sustentá-lo, mas também começou a desmaiar.

Maurice Fargues, o responsável por receber os sinais da corda na superfície, percebeu que bolhas já não subiam, então decidiu tirar os dois mergulhadores dali. Ambos voltaram à superfície vivos; inconscientes, mas vivos.

A aventura na Fontaine-de-Vaucluse quase custou a vida deles.

Depois do susto, Jacques entendeu que era o momento de descansar e, assim, poder tomar fôlego para uma nova aventura.

Em setembro de 1946, foi realizado, na França, o primeiro Festival de Cinema de Cannes. Nele, Jacques e sua equipe apresentaram ao mundo um filme que tinham feito embaixo da água, chamado *Êpaves*, a palavra usada pelos franceses para denominar os objetos sem dono, nesse caso, os restos de naufrágios.

Pela primeira vez, o mundo foi testemunha da vida submarina. Peixes exóticos brincavam à escondida com os homens entre os corais. As arraias passavam por cima dos mergulhadores. Os homens nadavam entre cardumes com total tranquilidade e os peixes não se perturbavam em meio aos intrusos que os observavam. Barcos naufragados abrigavam novas formas de vida nunca antes vistas.

O filme, que durava 28 minutos, foi um sucesso. O mundo inteiro começou a falar dos mosqueteiros do mar e do comandante que os guiava em suas aventuras subaquáticas: Jacques-Yves Cousteau.

Mas apesar da alegria que a fama havia trazido, a equipe tinha que continuar trabalhando. Depois do incidente na caverna, compreenderam que era preciso analisar até que profundidade um mergulhador podia descer sem que houvesse descompressão. O primeiro a fazer esse teste, no mar Mediterrâneo, foi o próprio Jacques.

Quando chegou aos noventa metros, começou a se sentir enjoado e decidiu soltar o cinto com pesos e subir à superfície.

Depois, foi a vez de Maurice Fargues, que tinha sido o responsável por prender a corda de JYC e Didi durante a descida à Fontaine-de-Vaucluse. Fargues gostava de se arriscar e decidiu descer com muita velocidade. Alcançou uma profundida recorde de 117 metros. Mas não pôde desfrutar de sua própria façanha. Seus companheiros esperavam o sinal da corda, que não chegava. As bolhas já não subiam. Pensaram o pior e não se enganaram. Maurice morreu na água. Seus companheiros tentaram reanimá-lo durante muitos minutos, mas sem sucesso.

Foi a primeira baixa da equipe.

Foi o primeiro mergulhador a morrer nas profundezas do mar.

6. SENTE-SE À BEIRA DO BARCO E MERGULHE NA ÁGUA

Em 1907, um mergulhador amador informou ao almirante da Marinha Nacional Francesa, Jean Baheme, que havia encontrado canhões que pareciam muito antigos. Estavam a cerca de trinta metros de profundidade na costa de Túnis, uma cidade localizada no norte da África, perto da Itália.

Os canhões eram colunas de mármore ateniense do século I a.C., que estavam sobre o casco de um barco naufragado. A expedição enfrentou muitas dificuldades, principalmente por causa da profundidade em que estava localizado o sítio arqueológico. Todo o material resgatado pela Marinha Nacional Francesa foi levado ao museu da Tunísia.

Muitos anos depois, esse mesmo barco naufragado se transformou na primeira expedição arqueológica que Jacques Cousteau comandou.

Um novo mundo se abriu. Jacques e seus companheiros compreenderam que, além de explorar o mundo submarino para aprender sobre a vida dentro do mar, também podiam contribuir para o estudo da história e da cultura da humanidade por meio de expedições arqueológicas. Cada vez se tornava mais interessante e divertido mergulhar.

A primeira coisa que fizeram ao chegar à Tunísia foi visitar o Museu Arqueológico, que era o lugar onde eram guardadas as plantas com a localização do barco naufragado.

Assim, a bordo do barco *Élie Monnier*, eles foram até o local indicado. A quase quarenta metros de profundidade, onde se encontrava o navio, os mergulhadores só conseguiam resistir quinze minutos submersos sem correr riscos. Os tripulantes do barco davam um tiro a cada cinco minutos para avisar os mergulhadores sobre o tempo restante, já que embaixo d'água eles perdiam noção do tempo. Quando ouvissem o terceiro tiro, sabiam quem tinham que emergir.

Nessa expedição, eles encontraram estruturas de ferro, âncoras, pedaços de madeira envernizados, um pequeno moinho para grãos e uma ânfora. Tudo o que foi recuperado foi entregue ao Museu Arqueológico da Tunísia.

Essa aventura arqueológica foi documentada por um jornalista chamado James Dugan, que escreveu uma matéria sobre a atividade de Cousteau e sua equipe. O artigo tinha o título de "O primeiro homem-peixe" e foi publicado pela revista *Science Illustrated.* O texto entusiasmou muitas pessoas que foram comprar um *aqua-lung* para estudar e descobrir sobre o mundo submarino.

Jacques Cousteau já era uma celebridade. Mas ainda havia tanto o que investigar, que não queria descansar. Havia muito a aprender.

O barco que eles utilizavam acabou ficando pequeno. Precisavam de um maior, que pudesse atravessar todos os mares. Deveria estar equipado com tecnologia moderna e ter o material necessário não apenas para as expedições, mas também para a vida da tripulação a bordo.

Em 1950, o empresário Joseph Gasan tinha comprado um navio de guerra e o havia adaptado para transportar passageiros e carga entre a ilha de Malta e a ilha de Gozo. Esse navio, cujo nome era *Calypso*, em homenagem à ninfa marinha da mitologia grega, passou às mãos de um novo proprietário: o inglês Thomas Loel Guinness. Ele logo o alugou ao amigo Jacques-Yves Cousteau pelo simbólico preço de um franco por ano.

Mas para transformá-lo em um barco científico dedicado ao estudo, ainda era preciso investir muito dinheiro. Jacques e Simone venderam sua casa e pediram ajuda a amigos. Simone abriu mão de todas as suas joias. Todos fizeram sua parte para que o *Calypso* se tornasse um verdadeiro barco de pesquisa.

Jacques já tinha decidido que seu futuro não poderia ser na Marinha francesa. Queria se dedicar à ciência e à pesquisa. Pediu licença de três anos e começou a preparar a primeira grande expedição a bordo do *Calypso*.

A tripulação era formada por Jacques, Simone e seus filhos, Didi Dumas e outros navegantes, entre os quais estavam marinheiros, pesquisadores e cinegrafistas. No total, eram vinte pessoas. Philippe Tailliez permaneceu em Toulon como diretor responsável pelo Grupo de Investigações Submarinas.

O navio, além de um ter *deck* de observação na coberta, tinha uma sala de observação submarina com vidros para que pudessem ver o fundo do mar à medida que iam navegando.

24 de novembro de 1951
Primeira missão do *Calypso*.
Destino: mar Vermelho.

O comandante Jacques-Yves Cousteau reuniu a tripulação, entregou taças e, levantando a dele com um amplo sorriso, disse: "Devemos partir para ver tudo com nossos próprios olhos".

"À sua saúde!", todos gritaram juntos. E brindaram juntos ao futuro.

Les Hanois
GUERNSEY
Dumping Grd
(Disused)
Plateau des
Roches Douvres

Por fim, chegaram ao mar Vermelho. A expedição, que durou 38 dias, foi um sucesso. O mundo submarino apresentava surpresas para os pesquisadores de todas as disciplinas. Arqueólogos, historiadores, biólogos, geólogos, hidrólogos e curiosos de todo o mundo queriam saber quais segredos se escondiam no fundo do mar.

— Hoje vamos descer com redes — disse Cousteau a Didi. — Tentaremos conseguir a maior quantidade possível de espécies.

— Sim, comandante. Eu estou pronto — respondeu Didi, tão animado como no primeiro dia.

Os dois mergulhadores desceram às profundezas do mar e encontraram um recife de corais. Era uma equipe. Enquanto um procurava espécies vegetais e animais para estudá-las, o outro tirava fotos de tudo o que viam: dos corais, das esponjas marinhas, dos peixes exóticos. De repente, apareceu um peixe bem conhecido e perigoso.

Jacques, quase sem se mexer, fez um sinal para Didi, que estava distraído entre os corais. Quando se deu conta, não muito longe de onde estava, Didi viu passar um tubarão. Apesar de ainda não existir muita informação sobre a vida desses animais, sabiam o suficiente para ter certeza de que qualquer movimento brusco faria com que os mergulhadores virassem almoço do animal.

Quando o perigo passou, voltaram ao *Calypso*. Chegaram à conclusão de que para poder observar os tubarões, teriam que criar um dispositivo, um tipo de gaiola que os protegesse.

As fotos e filmagens feitas nessa expedição aproximaram as pessoas de espécies nunca antes vistas: peixes como o Jack Dempsey, o *damfish*, o peixe-papagaio, o bonito, espécies primitivas dos arrecifes, plantas petrificadas, moluscos, anêmonas, enormes estrelas do mar. Antes de Cousteau mostrar tudo isso, a humanidade não tinha conhecimento da existência de tais seres.

Os paleontólogos tinham estudado os dinossauros, seres tão antigos. Mas pouco se sabia sobre a infinita quantidade de espécies que viviam silenciosamente dentro da água. Havia dois mundos diferentes no planeta, que conviviam sem se conhecer. Até Jacques Cousteau apresentá-los.

Um ano depois da bem-sucedida expedição ao mar Vermelho, a equipe do *Calypso* se lançou a uma nova aventura arqueológica.

Perto da costa da Marselha, na França, Gastón Christianini, um mergulhador amador e entusiasta, encontrou restos do que acreditava ser um barco naufragado. Ao saber disso, Didi Dumas pensou que a exploração desse barco não só representaria uma conquista arqueológica, como também poderia ajudar com o financiamento do *Calypso*. Mantê-lo era muito caro. Enquanto isso, Jacques também procurava ajuda econômica nos Estados Unidos: tentava convencer a Sociedade National Geographic a apoiá-lo.

Assim, em 1952, o *Calypso* singrou as águas do mar até Grand Congloué, muito perto de Marselha. Didi foi o responsável por descer com três tanques. Vinte minutos depois, subiu de mãos vazias. Mas Jacques não se daria por vencido. Decidiu tentar também.

Fazia três meses que não mergulhava e deveria estar mais atento do que nunca nas profundezas. Depois de descer 15 metros, ainda se sentia bem. Avançou. Chegou aos 52 metros e começou a sentir os efeitos da narcose, também conhecida como embriaguez das profundezas. Se não subisse à superfície a tempo, a narcose poderia matá-lo.

AUTO-S
1:1,4
f=35mm
287038

Mas insistiu em descer mais ainda, arriscando sua vida. Sabia que tinha cerca de dez minutos até que o efeito da narcose fosse fatal. Pensou que talvez os 42 anos de vida já pesassem para a realização de atividades como aquela. De repente, viu algo escuro que se destacava no fundo. Desceu até lá. Começou a sentir-se muito mal. Checou a profundidade e se enfureceu consigo mesmo: 75 metros. Era muito! Por fim, encontrou o que procurava, um vaso, uma ânfora semienterrada que arrancou com suas últimas forças.

No *Calypso*, a tripulação, que esperava ansiosa e preocupada, ajudou seu comandante a subir com seu tesouro. Didi e sua equipe voltaram a mergulhar. O achado era maior do que tinham imaginado: um barco romano de mais de dois mil anos de idade!

E as surpresas não paravam por aí: dentro das ânforas havia vinho!

A notícia percorreu o mundo e na primeira página dos jornais era possível ver o capitão Cousteau tomando vinho que tinha permanecido armazenado nas profundezas do Mediterrâneo por dois milênios.

Suas aventuras submarinas se tornavam cada vez mais conhecidas e todos acompanhavam notícias daquele grupo de aventureiros dos mares.

No *Calypso* festejaram o achado, inclusive Bulle, um cãozinho salsicha, amigo inseparável de JYC, que o acompanhou em todas as suas missões.

No entanto, em novembro daquele ano, uma forte tempestade atingiu o navio expedicionário. A corrente da âncora foi arrancada violentamente. Jean-Pierre Servanti, que fazia parte da tripulação do

Calypso, mergulhou para tentar recuperá-la. Mas a narcose tomou conta dele, como as sereias, que deixam apaixonados os marinheiros com seu canto e os levam para o fundo do mar.

Servanti morreu. Foi um marinheiro pioneiro, desses que mergulhavam ligados por meio de uma mangueira a um tubo de ar na superfície.

Foi a partir desse momento que o capitão Cousteau decidiu usar uma touca vermelha, e sua tripulação o imitou, em homenagem àqueles mergulhadores que, com um equipamento tão precário, trabalharam antes deles.

7. NUNCA MERGULHE SOZINHO. POR PRECAUÇÃO, É PRECISO MERGULHAR COM OUTRA PESSOA

Jacques Cousteau tinha criado, juntamente com Émile Gagnan, o *aqua-lung*.

Tinha explorado o mar Mediterrâneo e o mar Vermelho.

Tinha encontrado barcos milenares.

Tinha descoberto novas espécies de peixes.

Tinha nadado com tubarões.

Tinha filmado as profundezas marinhas.

Mas sempre faltava algo a ser explorado.

Para ele, a aventura de descobrir mundos novos não terminava nunca. As águas do mundo todo esperavam, todos os oceanos, os rios, lagos e lagoas.

Em 1953, foi publicado o primeiro livro de JYC, intitulado *O Mundo do Silêncio*. Vendeu mais de cinco milhões de exemplares. Esse sucesso fez com que ele fizesse um filme, com o mesmo nome, que foi um sucesso no Festival de Cannes. O documentário não apenas ganhou o prêmio Palma de Ouro, como também, em 1957, ganhou o Oscar de melhor documentário.

Dois anos antes de ganhar o Oscar, Cousteau e sua equipe partiram em busca de uma façanha em uma área até então não explorada. Uma companhia petrolífera inglesa, chamado British Petroleum, contratou a tripulação do *Calypso* para explorar o golfo Pérsico à procura de depósitos. Não era um trabalho que agradava a JYC, mas precisava de dinheiro para sustentar os gastos do barco.

Em 1955, Cousteau publicou uma matéria na revista *National Geographic*. A tarefa de Jacques e de sua equipe ia além de encontrar novas espécies e descobrir locais exóticos. Também incluía estudar o comportamento animal, entendê-lo e conseguir fazer uma ponte entre a fauna marinha e os seres humanos.

A matéria foi um exemplo desse estudo da vida animal.

Nós estávamos a cerca de mil quilômetros da costa do Quênia, mar adentro, quando baleias cercaram o Calypso. *Talvez estivessem tentando entender que tipo de animal metálico estranho era aquele que singrava as águas. Uma das baleias se feriu gravemente com a hélice do barco. Os gritos do enorme mamífero alertaram o baleal, que se aproximou para ajudá-la. Quando a água ficou vermelha devido ao sangue do animal, todos as outras baleias se afastaram. Nós, os tripulantes do* Calypso, *assistimos atônitos ao espetáculo do abandono. Por que se afastavam? Por que não a ajudavam se, aparentemente, tinham chegado ali para isso? A resposta logo veio. O sangue atraiu o grande predador. Vários tubarões se aproximaram da baleia, que foi devorada em poucos minutos. Não poderíamos perder aquela cena. Descemos dentro de gaiolas para evitarmos ser a sobremesa, e conseguimos filmar e fotografar a carnificina das profundezas.*

A vida de Jacques Cousteau era a bordo do *Calypso*, por isso, em 1957, renunciou formalmente à Marinha francesa. Naquele mesmo ano, recebeu uma oferta irresistível.

Rainier III, príncipe de Mônaco, um país localizado na costa mediterrânea francesa, propôs que Cousteau fosse o diretor do Museu de Oceanografia de Mônaco. Jacques não teve dúvidas. Não apenas teria um salário, como também o emprego permitiria que ele continuasse trabalhando livremente no *Calypso*.

Quanto mais estudava e explorava a vida marinha, mais evidente ficava, para Cousteau, que aquele ecossistema era frágil. Por mais fascinante que fosse o encontro entre o homem e a fauna subaquática, JYC tinha dúvidas do que poderia representar aos peixes e às espécies aquáticas.

Conseguiu a resposta em 1960, quando o exército francês decidiu eliminar dejetos nucleares, espalhando-os pelo mar. O comandante Cousteau ficou muito preocupado.

Mon Dieu! C'est un crime! (Meu Deus, isso é um crime!).

E realmente era um crime. Ninguém melhor do que ele poderia entender o dano irreversível que gerariam aqueles dejetos nos mares. A poluição das águas provocaria a morte de espécies e, assim, a eliminação de ecossistemas. Isso afetaria diretamente as futuras gerações.

Jacques reuniu pessoas nos trilhos do trem que transportava os dejetos. Assim, o pedido de Cousteau chegou até o presidente da França.

O comandante aventureiro, a partir daquele momento, começou a buscar o objetivo mais importante de sua vida: a conservação e proteção do planeta. Porque não era necessário apenas preservar mares e oceanos, mas todos os ecossistemas do mundo.

E para poder fazer isso, além de conscientizar a população mundial, tinha que conhecer, ainda mais, o mundo submarino.

No início da década de 1960, enquanto os Estados Unidos e a União Soviética se voltaram para conquistar o espaço, Jacques

Cousteau, por sua vez, planejava conquistar outro mundo: o subaquático. Juntou sua equipe e fez uma pergunta:

— O homem pode viver embaixo d'água?

A resposta foi negativa, de modo unânime.

Mas ele insistiu:

— Vocês têm certeza?

— Sim, claro — responderam todos —, não podemos respirar embaixo da água, capitão, você sabe bem.

— Mas... e se pudéssemos construir refúgios dentro da água, com oxigênio?

Todos ficaram pensando. Sabiam que a imaginação e o entusiasmo do comandante Cousteau não tinham limites.

Enquanto discutiam esses assuntos, os filhos de Jacques e Simone acompanhavam os pais. Como eles, os dois eram exploradores e também viviam no *Calypso*. Jean-Michel, o mais velho, cuidava dos assuntos administrativos. Negociava permissões com os governos para poder singrar as águas de diversos países ou fazia acordos com produtoras para patrocinar as filmagens de Jacques. Philippe, o filho mais novo, era explorador, diretor de cinema, fotógrafo e o responsável por ajudar o pai nas filmagens.

Em 1962, foi inaugurado o projeto *Conshelf I*, que era uma abreviatura de *Continental Shelf*, um refúgio submarino do tamanho de uma casa, uma espécie de barril de aço, a onze metros de profundidade. Estava localizado na costa da Marselha e, durante uma semana, dois mergulhadores viveram nele: Albert Falco e Claude Wesly. O refúgio foi chamado de *Diógenes*, em homenagem a um filósofo grego que vivia em um espécie de barril nas ruas da antiga Atenas.

Ali, dentro da água, os mergulhadores tinham tudo de que precisavam, incluindo uma biblioteca, uma televisão, um pequeno chuveiro, uma cozinha, alimentos e bebidas. Como tinham instalado câmeras, Albert e Claude tocavam gaita e improvisavam atividades para entretenimento de todos que os observavam. Todos os dias, um médico chegava para examiná-los.

O experimento foi um sucesso. Quando saíram do refúgio, Jacques perguntou a Falco de que ele precisava.

— Caminhar — foi a resposta.

Então, o comandante Cousteau quis ir adiante.

No ano seguinte, no Mar Vermelho, foi lançado o *Conshelf II*, em meio a uma barreira de corais. Dessa vez, o refúgio era maior e não viviam apenas cinco pessoas ali, já que levaram o mascote de Wesly: um papagaio, o primeiro e único louro submarino!

Esse *Conshelf* tinha a forma de uma estrela marinha e contava com cinco quartos. Certa vez, Simone desceu ao refúgio para cozinhar para a tripulação. Foi um dos dias mais divertidos. Comeram, tomaram vinho, jogaram cartas, enquanto pelos vidros, as tartarugas marinhas e os polvos passavam surpresos com o que acontecia dentro daquele monstro repleto de olhos que os observavam.

A experiência de um mês passado no *Conshelf II* foi filmada e se transformou em um documentário chamado Um mundo sem sol. Mais uma vez, Cousteau e sua equipe foram premiados com um Oscar de melhor documentário.

E logo veio o *Conshelf III*. Em 1965, o próprio Cousteau, seu filho Philippe e quatro integrantes viveram três semanas a 130 metros de profundidade naquele novo refúgio na costa francesa de Nice.

As experiências dos *Conshelfs* mostraram que o homem pode viver durante algum tempo embaixo da água, mas a vida submarina não pode substituir a vida em terra firme. Podem ser construídos refúgios, equipados com todas as comodidades que existem à superfície, levar mascotes, alimentos, bebidas, até fumar! Mas existe uma coisa imprescindível à vida dos seres humanos que não se pode obter embaixo da água: o sol. Os homens não podem viver em um mundo sem sol.

Os experimentos subaquáticos nos refúgios foram abandonados, mas Cousteau os ofereceu à NASA para que os astronautas, que até aquele momento não tinham ido à Lua, pudessem simular a vida no espaço.

8. OLHE AO REDOR. PODE INTERAGIR COM A FAUNA MARINHA, MAS NÃO INTERFIRA NELA

Em meados do século XX, Jacques Cousteau já era um pesquisador e aventureiro conhecido no mundo todo. No entanto, isso não bastava para ele. Desejava que todos fossem testemunhas do que ele e sua equipe tinham visto, aquele assombroso território subaquático. Além disso, queria que a sociedade tomasse consciência da enorme necessidade de cuidar do meio ambiente.

Cousteau sabia que a melhor maneira de alcançar um grande público era por meio da televisão. Em 1968, começou a ser transmitido um programa chamado *O mundo submarino de Jacques Cousteau*. A surpresa dos espectadores crescia a cada episódio.

O primeiro, intitulado "Tubarões", foi muito impactante. Nunca antes as pessoas tiveram a oportunidade de ver, em gravações, como os tubarões viviam. O público estava fascinado e o programa se transformou em sucesso mundial.

Cada novo episódio gerava surpresa e admiração nos espectadores. Os peixes-boi na península da Flórida, as lontras no Alasca, as tartarugas marinhas em Madagascar, uma comunidade de camarões na Califórnia, as iguanas de Galápagos, os golfinhos na Mauritânia e os leões-marinhos da África do Sul. Foram vistos até mesmo mergulhadores que nadavam perto de uma baleia!

A contribuição de Jacques Cousteau ao conhecimento científico da fauna e da flora submarinas foi extremamente valiosa. Tão importante que nem Nemo nem seu pai Marlin e nem sua amiga Dory puderam participar de um filme.

Em 1972, o comandante acreditou estar na hora de se lançar em busca de uma das façanhas com as quais mais tinha sonhado na vida: uma viagem à Antártida. A tecnologia e a ciência tinham avançado muito desde a criação do *aqua-lung* e agora contava com mais recursos para conhecer e estudar o que ele considerava um dos territórios mais perigosos do planeta.

No dia 5 de dezembro de 1972, o *Calypso* e sua tripulação partiram de Ushuaia até o Continente Gelado. Foram acompanhados por um barco da Marinha argentina com tanques de combustível. O *Calypso* tinha uma antena especial que se conectava a três satélites da NASA. Eles informavam à tripulação a previsão do tempo.

Vestindo uma jaqueta cor de laranja com pele e com seu gorro vermelho característico, o capitão Cousteau passou grande parte da viagem na proa do barco, agarrado às grades. Não queria perder o momento em que o enorme mundo de gelo aparecesse à sua frente.

Às vezes, o frio era insuportável, por isso se refugiava na cabine do navio, com uma xícara de café quente na mão. Certa manhã, escutou o grito pelo qual tanto esperava:

Commandant. Regardez! Le continente gelé! (Comandante, veja! O continente gelado!)

E estava ali. Muito gelo branco-luminoso que chegava a cegar. Mas um iceberg gigante e majestoso se interpunha no caminho até o Continente Branco. O capitão quis investigar. Três mergulhadores, que também eram montanhistas, foram de bote até o iceberg para explorá-lo.

Ao mesmo tempo, um helicóptero voava sobre eles para ajudar no caso de algum acidente acontecer.

Depois de recolher amostras de gelo e água, continuaram a travessia. Os bandos de baleia os acompanhavam, pulando ao lado do barco, como se indicassem o caminho. Dos dois lados, focas e leões marinhos descansavam sobre ilhas de gelo.

Ao chegar ao Continente Branco, JYC, que já tinha sessenta e dois anos, desceu do *Calypso* juntamente com a tripulação. Procurou incansavelmente os orifícios que as focas tinham feito no gelo e ajudou a aumentá-los com serrotes. Por ali, dois mergulhadores valentes desceram para investigar as profundezas do oceano Antártico. Um cinegrafista e algumas focas curiosas o acompanharam.

O intrépido e incansável Jacques não parou aí. Não sabia quando poderia voltar àquele lugar. Por isso quis participar de cada experimento e aprender o máximo possível. Com seu amigo Albert Franco, que havia participado do primeiro *Conshelf*, ele mergulhou dentro de uma cápsula de imersão.

Com sua câmera, pôde filmar espécies desconhecidas até então. Certos tipos de radiata (animais que soltam veneno, podendo paralisar suas presas ou seus agressores), camarões transparentes, peixes beta e o que JYC tanto procurava: peixes-gelo (peixes que podem sobrevive ao frio extremo).

Para poder pesquisar em profundidade, a tripulação, equipada com artigos para alpinismo, também escalou muros gelados do continente antártico.

Depois dessa experiência enormemente valiosa, a tripulação do *Calypso* se despediu das montanhas de gelo. Anos mais tarde, em uma entrevista para a televisão espanhola, Jacques Cousteau comentaria que uma de suas expedições preferidas tinha sido justamente aquela para a Antártida.

Naquela época, já se falava da mudança climática. Cousteau advertia sobre o perigo que ocorreria no Continente Gelado se a temperatura do planeta aumentasse. Por isso, em 1973, fundou a Sociedade Cousteau, uma fundação da qual ele era presidente e seu filho Philippe, vice. O propósito da entidade era a proteção da vida aquática. Com o tempo, o objetivo da fundação se ampliou até a busca por proteção e cuidado de todo o planeta Terra.

De repente, a vida de Jacques Cousteau ficou escura como o mar profundo.

Seu filho e companheiro de aventuras, Philippe, morreu em um acidente aéreo em junho de 1979. O avião que ele pilotava caiu em Portugal e ele morreu na hora. A dor tomou o comandante e Simone. Jacques estava desolado e a relação do casal começou a enfraquecer até terminar.

Mas como bom guerreiro, sabia que deveria seguir em frente. Principalmente em homenagem a Philippe, que tanto tinha amado a vida e seu trabalho de explorador e aventureiro.

Naqueles anos difíceis, Jacques conheceu uma mulher chamada Francine. Ela o ajudou a atravessar a pior tempestade que a vida havia lhe apresentado. Da união com Francine, nasceram dois filhos: Diane e Pierre-Yves.

Um novo capítulo tinha início em sua vida.

9. NADE, OBSERVE, APROVEITE, MERGULHE NA MAGIA DAS PROFUNDEZAS

Cousteau tinha explorado todos os oceanos que banhavam o planeta e grande quantidade de seus mares. Tinha ganhado prêmios internacionais e se consagrado como cineasta graças a seus documentários. Tinha mostrado ao mundo os mistérios da vida submarina. No entanto, no começo da década dos anos 1980, com 70 anos, considerava que ainda faltava muito a descobrir.

Junto com sua equipe, decidiu que era a hora de estudar os rios. Apesar de o *Calypso* ter singrado o Nilo, na África, para seu programa de televisão, havia um rio que despertava o interesse do comandante: o rio Amazonas.

Jean-Michel, seu filho mais velho, se encarregou de conseguir as permissões para poder passar pelos diferentes países. O Amazonas é o maior rio do mundo e atravessa três países: Peru, Colômbia e Brasil. Essa expedição foi a mais complexa e cara de todas as aventuras do *Calypso*, ainda mais que a da Antártida.

Além de ser o maior rio do mundo, também é o mais volumoso e, por sua vez, apresenta o ecossistema mais diverso em relação à fauna e flora. Nessa enorme extensão de água doce vivem mais espécies de peixes do que em todo o oceano Atlântico. Por isso despertava tanto interesse em Cousteau. E partiu na aventura!

Nas margens do rio, viviam comunidade indígenas que conservavam tradições ancestrais e quase não tinham contato com o mundo de fora. Também viviam no rio, e na selva ao redor, espécies incríveis: serpentes extremamente venenosas; cobras gigantes, como a anaconda; macacos-aranha, estranhas espécies de pernilongos e abelhas; caimans, poraquês e, até, botos cor-de-rosa!

Mas não foi só o mundo animal que chamava a atenção da equipe expedicionária. Outro objetivo do grupo era estudar o impacto dos seres humanos sobre o ecossistema do Amazonas.

A expedição foi um sucesso e o mundo inteiro conheceu lugares aos quais quase ninguém tinha acesso. Ted Turner, um empresário de entretenimento dos Estados Unidos, ficou maravilhado com a experiência do Amazonas e contratou Cousteau e sua tripulação para que repetissem a aventura em outro dos rios mais importantes do mundo: o Mississippi.

Ao final dos anos 1980, Cousteau, sabendo que sua vida estava no fim, sentia necessidade, desesperadamente, de chamar a atenção sobre os perigos que as futuras gerações enfrentariam se não cuidassem do meio ambiente. Não só tinha que proteger os mares, rios e oceanos, mas também todos os ecossistemas terrestres. Se não houvesse cuidado com o ambiente, a grande prejudicada seria a espécie humana.

Em 1987, trinta e sete países fecharam um acordo, conhecido como a Convenção de Wellington, por meio do qual se permitia a exploração de depósitos minerais na Antártida para posterior exploração comercial.

En l'Antarctique! Mon Antarctique bien-aimé! (Na Antártida! Minha amada Antártida!)

Jacques Cousteau estava indignado. Não importava sua idade nem que sua equipe e amigos queridos insistissem para que ele não embarcasse numa nova aventura. Jacques Cousteau tinha que fazer algo e teve uma ideia genial.

Não ia mais falar com políticos nem com iniciativas sociais, nem mesmo organizaria marchas e protestos para salvar a Antártida.

Ele se concentraria nas crianças, pois elas eram o futuro.

Em 1990, com 80 anos, Jacques Cousteau embarcou mais uma vez ao Continente Branco. Dessa vez, convidou seis crianças de 10 a 12 anos, três meninos e três meninas, dos diferentes continentes: Tanzânia (África), Chile (América do Sul), Estados Unidos (América do Norte), Austrália (Oceania), Japão (Ásia) e França (Europa).

As crianças puderam ver e experimentar a magia do mundo do gelo. Focas, pinguins e leões marinhos acompanhavam a expedição. E, como em sua primeira viagem, as orcas nadaram perto do barco, mostrando o caminho.

Cousteau agiu de modo prático. Não explicou às crianças por que é importante cuidar da água do maior lugar do mundo. Ele mostrou diretamente. Até construíram um iglu juntos!

Poder transmitir o amor que sentia pelo planeta, por sua fauna e flora e, principalmente, pela raça humana foi o melhor legado que o comandante Cousteau deixou.

10. SOLTE OS PESOS DO CINTO E DEIXE-SE LEVAR PELA ÁGUA ATÉ A SUPERFÍCIE

No dia 25 de junho de 1997, com 87 anos, Jacques-Yves Cousteau morreu em Paris.

Voltou a mergulhar no mundo do silêncio.

Graças a Cousteau, a vida submarina deixou de ser um mistério. O comandante do *Calypso* explorou o mundo submarino e dividiu suas descobertas com todos por meio de filmes e documentários incríveis.

Em suas expedições, descobriu novas espécies marinhas e tesouros ancestrais que descansavam no fundo do mar.

Além disso, foi um grande defensor do meio ambiente, advertiu sobre os perigos da poluição do planeta e pediu que os governos tomassem medidas contra a contaminação das águas.

Deixou como legado para as novas gerações o amor pelo mundo marinho e a necessidade de protegê-lo.

A Sociedade Cousteau continua trabalhando com a mesma paixão que impulsionou esse aventureiro, conscientizando a população mundial sobre o cuidado com o planeta.

Seus filhos e netos continuam com o legado do grande capitão Cousteau.

Certamente, as focas da Antártida ainda o esperam, formando fila nas ilhas de gelo, e com as nadadeiras erguidas, prontas para saudar seu comandante.

O objetivo de minhas viagens?

Fazer com que as pessoas tomem consciência.

Não se trata de se interessar apenas pela contaminação do mar ou da atmosfera.

Tem a ver com se interessar pelo futuro do homem.

Jacques-Yves Cousteau